Fábio Sombra

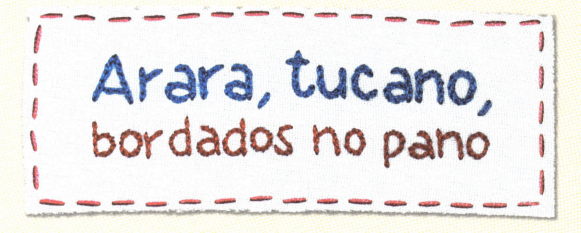

com bordados de Sabina Sombra

1ª edição

© FÁBIO SOMBRA, 2013

COORDENAÇÃO EDITORIAL Maristela Petrili de Almeida Leite
EDIÇÃO DE TEXTO Carolina Leite de Scuza, Marília Mendes
COORDENAÇÃO DE PRODUÇÃO GRÁFICA Dalva Fumiko
COORDENAÇÃO DE REVISÃO Elaine Cristina del Nero
REVISÃO Ana Cortazzo
COORDENAÇÃO DE EDIÇÃO DE ARTE Camila Fiorenza
ILUSTRAÇÕES DE CAPA E MIOLO Fábio e Sabina Sombra
PROJETO GRÁFICO Camila Fiorenza
DIAGRAMAÇÃO Cristina Uetake, Elisa Nogueira
COORDENAÇÃO DE BUREAU Américo Jesus
FOTOGRAFIA Rosinha Bastos
TRATAMENTO DE IMAGENS Fábio N. Precendo
PRÉ-IMPRESSÃO Alexandre Petreca, Everton L. de Oliveira Silva, Hélio P. de Souza Filho, Marcio H. Kamoto
COORDENAÇÃO DE PRODUÇÃO INDUSTRIAL Wilson Aparecido Trcque
IMPRESSÃO E ACABAMENTO Forma Certa Gráfica Digital
LOTE 776071
CÓD 12084417

É uma tradição dos textos modernos de cordel iniciar cada um dos versos dos poemas com letras maiúsculas. Esta forma, preferida pelo autor e outros membros da ABLC – Academia Brasileira de Literatura de Cordel – foi a que escolhemos para utilizar no presente livro.

Dados Internacionais de Catalogação na Publicação (CIP)
(Câmara Brasileira do Livro, SP, Brasil)

Sombra, Fábio
 Arara, tucano, bordados no pano / Fábio Sombra ; com bordados de Sabina Sombra. — 1. ed. — São Paulo : Moderna, 2013. — (Série adivinhas bordadas)

 1. Literatura infantojuvenil I. Sombra, Sabina. II. Título. III. Série.

ISBN 978-85-16-08441-7

12-14267 CDD-028.5

DE ACORDO COM AS NOVAS NORMAS ORTOGRÁFICAS

Índices para catálogo sistemático:

1. Literatura infantil   028.5
1. Literatura infantojuvenil   028.5

Reprodução proibida. Art.184 do Código Penal e Lei 9.610 de 19 de fevereiro de 1998.

Todos os direitos reservados
EDITORA MODERNA LTDA.
Rua Padre Adelino, 758 - Belenzinho
São Paulo - SP - Brasil - CEP 03303-904
Vendas e Atendimento: Tel. (11) 2790-1300
www.modernaliteratura.com.br
2023

Dedicamos este livro as nossas queridas amigas
Ângela e Denize que, mais uma vez, nos deram uma força e tanto!

A nossa editora Maristela Petrili, que abraçou o projeto
desde a nossa primeira apresentação.

Aos nossos pais e, em especial, à saudosa "frau" Wilhelmina Knize,
avó da Sabina, que a ensinou a bordar com tanto
capricho e delicadeza.

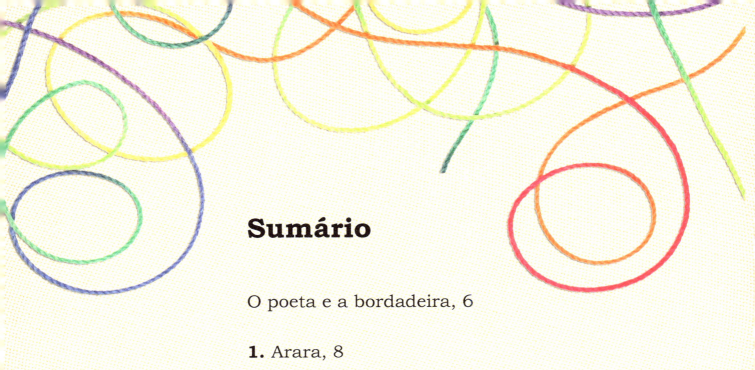

Sumário

O poeta e a bordadeira, 6

1. Arara, 8
2. Beija-flor, 10
3. Bem-te-vi, 12
4. Canário, 14
5. Coruja, 16
6. Gavião, 18
7. Guará, 20
8. Jacu, 22
9. Papagaio, 24

10. Periquito, 26
11. Pica-pau, 28
12. Sabiá, 30
13. Tangará, 32
14. Tiê-sangue, 34
15. Tucano, 36
16. Tuiuiú, 38

Saiba um pouco mais sobre as aves brasileiras, 40

O que são versos de cordel?, 44

Como surgem as ilustrações bordadas?, 45

O poeta e a bordadeira

Os livros da série Adivinhas Bordadas são o resultado do feliz encontro entre o poeta Fábio Sombra e sua esposa, a ilustradora tcheca Sabina Sombra. Os dois se conheceram em Praga, no ano de 1998, na época em que Fábio trabalhava na área de turismo e viajava frequentemente para a Europa.

Sabina nunca havia trabalhado com ilustração ou bordado até que, no ano de 2011, conversando sobre as ilustrações de uma série de livros sobre folclore que Fábio estava escrevendo, ela recordou-se que na infância havia aprendido a bordar com a sua avó materna. Na mesma hora uma ideia surgiu: Fábio transferiu o risco de uma das ilustrações que estava produzindo – uma bandeira de Folia de reis – para um quadrado de tecido e, após comprarem linhas e agulhas, Sabina bordou aquela primeira ilustração.

Aos poucos, novos bordados foram surgindo, até que, no final do mesmo ano, o casal apresentou o projeto da série Adivinhas Bordadas à editora Moderna.

Nestes livros, o poeta criou adivinhas em versos de cordel, cujas respostas são fornecidas pelas imagens bordadas por Sabina.

Os três volumes da série apresentam ao leitor um verdadeiro desfile de animais, aves e frutas da nossa terra.

Ela grita forte e alto
E possui beleza rara.
Só de ver seu colorido,
Meu coração já dispara,
Pois parece um arco-íris
Ambulante a tal da...

ARARA

Voa, voa, bem ligeiro,
Sem descanso este senhor.
Com seu bico longo e fino
Vai parando em cada flor.
Para uns é colibri,
Para mim é...

Certa vez ouvi seu canto.
Dele eu nunca me esqueci,
Pois difícil é encontrar
Um cantor como este aqui.
Qual é o nome deste artista?
Vou dizer: – É o...

Veja a cor de suas penas:
É um enfeite de cenário!
Um amarelo tão vivo
Que parece imaginário.
Mas que passarinho é este?
Eu lhes digo que é o...

CANÁRIO

Ela tem olhos enormes
E uma cor cinzenta e suja;
Não há rato neste mundo
Que ao ver uma não fuja,
Pois, além de caçadora,
Muito esperta é a...

CORUJA

Lá do alto ele observa
O que se passa no chão.
De repente ele mergulha,
Mais parece um avião.
Acrescente a letra "G"
E essa ave é o...

GAVIÃO

Vive em lagos bem rasinhos
Onde caranguejos há.
Também come caramujos
E seu nome, qual será?
Esta ave cor-de-rosa,
Meus amigos, é o...

Ele tem penas escuras,
Negras como as do urubu.
Mas, pra não criar problemas
E evitar um sururu,
Vamos chamar esta ave
Por seu nome, que é...

JACU

De ponta-cabeça eu ando
E do poleiro não caio.
Eu sou mesmo um grande artista:
Canto e danço sem ensaio.
O meu apelido é louro,
E eu me chamo...

PAPAGAIO

Sobe e desce do poleiro
Com um andar meio esquisito.
Lá vai ele assoviando
Como quem sopra um apito.
E aí? Já adivinharam?
O seu nome é...

PERIQUITO

Toc, toc, é o barulho
Sempre forte e sempre igual
Que esta ave faz nos troncos
Da floresta tropical.
Ele é um mestre carpinteiro
E se chama...

PICA-PAU

Disse assim Gonçalves Dias
Sobre as riquezas de cá:
– No Brasil há verdes matas,
Passarinhos também há.
Nossa terra tem palmeiras
Onde canta o...

Passarinho mais inquieto
Como este, outro não há:
Ele vive saltitando,
Pousa aqui, pousa acolá.
Dançarino é o apelido
Que ganhou o...

TANGARÁ

Pequenino, mas valente,
Como ator de bangue-bangue.
Ele é visto junto ao mar
Em qualquer floresta ou mangue.
É vermelho vivo e preto
Eis o belo...

TIÊ-SANGUE

Ele mais parece o rei
Da floresta, o soberano.
Com seu bico tão comprido
Ele é (se não me engano),
Uma ave conhecida
Pelo nome de...

TUCANO

Ele tem um papo imenso
Do tamanho de um baú.
Pode ser desajeitado,
Mas não fica jururu.
Ele é o rei do Pantanal
E se chama...

Saiba um pouco mais sobre as aves brasileiras

Arara: a arara-vermelha está sempre associada à imagem do Brasil. Tem cores vivas e emite sons estridentes. Vive em pequenos grupos e costuma fazer seus ninhos em ocos de árvores e paredões rochosos. Por causa da devastação dos cerrados e da captura dos seus filhotes, está se tornando cada vez mais rara na natureza.

Beija-flor: existem diversas espécies de beija-flores em nosso país. São aves pequenas, que voam de flor em flor coletando o néctar de que se alimentam. Suas asas batem em uma velocidade tão grande que às vezes se torna difícil acompanhá-las com os olhos.

Bem-te-vi: encontrado em praticamente todo o território brasileiro, o bem-te-vi prefere os campos abertos às matas fechadas. É um voraz devorador de insetos e não foge de uma boa briga. Até mesmo gaviões e outras aves maiores costumam apanhar desses valentes passarinhos, perseguindo-os por longas distâncias.

Canário: o canário-da-terra é uma ave muito comum no Brasil e está presente em quase todas as nossas regiões. Não gosta muito de matas ou florestas fechadas, preferindo os campos abertos e as pastagens. O macho é facilmente reconhecível por sua cor amarela, muito viva e vibrante. Já a fêmea tem um tom mais acinzentado ou, como dizem alguns, um amarelo mais "sujo".

Coruja: na literatura e nos contos de fantasia, as corujas sempre estiveram associadas à bruxaria e à magia negra. Na vida real, por se alimentarem de ratos, insetos e pequenos roedores, essas aves prestam bons serviços aos fazendeiros e camponeses. Seus grandes olhos são perfeitos para enxergar à noite, período em que elas são mais ativas.

Gavião: no Brasil existem várias espécies de gaviões, como o carcará, o gavião-carrapateiro, o gavião-carijó e outros. São aves de rapina, com excelente visão. Quando passam planando sobre as florestas ou sobre os campos, faz-se um grande silêncio e as aves menores procuram se esconder.

Guará: a cor vermelha das penas dessas grandes aves deve-se ao fato de elas incluírem em sua dieta alguns tipos de caranguejos que possuem um pigmento avermelhado. Os guarás vivem em grandes bandos e fazem seus ninhos em árvores às margens de rios, lagos e manguezais.

Jacu: conhecido em algumas regiões do Brasil pelo apelido de "galinhão do mato", os jacus são aves de grande porte, podendo chegar a medir até 85 cm de comprimento. Formam uniões que perduram até a morte de um dos membros do casal. É também uma das poucas aves que se alimentam dos grãos maduros de café.

Papagaio: o papagaio-verdadeiro possui penas verdes no corpo, amarelas na face e azuis na testa. Vive em casais ou pequenos grupos. É uma ave muito desejada como animal doméstico por ter facilidade de repetir palavras e sons humanos. Encontra-se seriamente ameaçada de extinção.

Periquito: vive em bandos numerosos e evita as matas muito fechadas, preferindo os campos abertos e as capoeiras. É uma ave muito comum no estado de Goiás. Se algum membro do grupo se assusta e sai voando, o bando inteiro também parte em barulhenta revoada.

Pica-pau: o pica-pau-de-cabeça-vermelha é muito comum no Brasil. Habita matas em áreas montanhosas e produz um som inconfundível ao martelar o tronco das árvores com o bico, em busca de insetos e larvas que lhe servem de alimento.

Sabiá: o sabiá-laranjeira tem um canto bonito e melodioso. São sempre vistos aos casais e se alimentam de insetos e frutas, como pitangas, mamões, laranjas e tangerinas. O macho dessa espécie é facilmente reconhecido pela cor das penas do seu peito: um alaranjado vivo e forte.

Tangará: ave de bonita coloração em tons de azul e preto, com uma "coroa" vermelha no alto da cabeça. Os tangarás vivem em bandos de aproximadamente oito ou dez indivíduos e, por executarem uma animada coreografia de saltos e pios, receberam o apelido popular de tangarás-dançarinos.

Tiê-sangue: passarinho de grande beleza em virtude de suas cores: vermelho vivo com detalhes em negro. Muito comum no litoral dos estados do Rio de Janeiro e do Espírito Santo, os tiês-sangues são aves briguentas e não toleram invasores em seu território. Vivem aos pares ou, no máximo, um casal com seus filhotes.

Tucano: o tucano-açu ou tucano-de-papo-branco vive em bandos numerosos, geralmente no coração das florestas tropicais brasileiras. É muito arisco e desconfiado. Ao ouvir a aproximação de qualquer animal ou ser humano, o bando inteiro foge. Por ter um bico tão enorme e pesado, o seu voo é desajeitado, pouco gracioso.

Tuiuiú: é a ave-símbolo do Pantanal Mato-grossense. Essa imensa cegonha vive nas margens de rios e lagos e se alimenta de peixes, pequenas rãs e até mesmo de filhotes de jacarés. Fora da época de reprodução costumam se reunir em grandes bandos de centenas de aves. Apesar de seu tamanho avantajado, consegue voar muito bem.

O que são versos de cordel?

As adivinhas deste livro foram todas escritas em forma de versos de cordel. Durante muito tempo, esse tipo de poesia foi vendida em feiras e mercados de rua, e os textos eram geralmente impressos em folhetos de papel barato e amarelado. Posteriormente, o cordel passou a existir também em edições mais coloridas e bem cuidadas. Porém, o importante é que, mesmo nesses formatos mais modernos, o poeta deve seguir prestando muita atenção à métrica (ritmo) dos versos e à escolha das rimas que coloca em suas obras.

O termo "literatura de cordel" tem uma origem interessante: nas feiras medievais e em muitos mercados no Nordeste do Brasil, os vendedores de folhetos penduravam suas obras em barbantes ou "cordéis" esticados entre duas árvores ou entre dois postes.

Como surgem as ilustrações bordadas?

Fábio Sombra conta que: "uma vez escolhido o tema, começamos a pesquisa para encontrar as imagens que utilizaremos como modelos para a criação de nossos próprios desenhos. Pesquisamos em livros, pinturas, na internet e, em muitos casos, produzimos as nossas próprias fotos de referência. Recentemente, por exemplo, viajamos ao Pantanal de Mato Grosso e, cada um com sua câmera, produzimos uma grande quantidade de fotografias de pássaros e animais que nos serviram como modelos para os bordados".

Fábio continua: "A seguir as imagens são desenhadas no papel. É nessa etapa que estudamos a melhor maneira de transportá-las para a linguagem visual do bordado. Com lápis de cores definimos as áreas de sombra, o colorido e até mesmo uma primeira sugestão para os tipos de pontos e para a direção das tramas".

Em seguida Sabina explica: "Os riscos são transferidos para o tecido por meio de um papel carbono especial e então começa o verdadeiro trabalho de bordar. Após selecionarmos e etiquetarmos as cores das linhas que entrarão em cada imagem, eu estico o tecido em um bastidor de madeira e inicio o trabalho, que é cem por cento manual. Algumas das imagens, dependendo de sua complexidade, chegam a levar até quatro ou cinco dias para serem concluídas".

A técnica de bordar

Nas palavras de Sabina: "O estilo de bordar essas ilustrações nada tem em comum com os trabalhos em pontos de cruz, em que os desenhos são reduzidos a formas geométricas e bordados em uma tela quadriculada. A técnica que uso é conhecida pelo nome francês de *peinture à l'aiguille*, que significa literalmente 'pintura de agulha'. É um tipo de bordado livre, onde a agulha realmente funciona como um pincel. Já as cores das linhas simulam *nuances* de tintas. É uma técnica que permite criar belas transições de sombras, *dégradés* e volumes".

Bordado europeu ou brasileiro?

Apesar do aprendizado com sua avó de origem austríaca, os bordados de Sabina Sombra têm muito a ver, por exemplo, com os trabalhos das bordadeiras de algumas regiões de Minas Gerais. O bordado popular brasileiro também preserva a tradição dessa modalidade de "bordado livre", que consegue muito bem retratar o colorido de aves, flores e animais.

FOTOS: ARQUIVO DO AUTOR

O autor

Fábio Sombra é escritor, ilustrador e pesquisador da cultura popular brasileira. Tem mais de 30 livros publicados, quase todos dirigidos ao público jovem. Recebeu importantes prêmios literários, como o Altamente recomendável para o jovem, da Fundação Nacional do Livro Infantil e Juvenil (FNLIJ), e foi selecionado diversas vezes para o catálogo de obras brasileiras da Feira do Livro infantil de Bologna. Vários de seus livros foram escritos em forma de versos de cordel. O autor é membro da Academia Brasileira de Literatura de Cordel (ABLC).

Fábio Sombra também é músico e, através dos seus livros, muito tem feito pela divulgação das festas populares brasileiras, das danças folclóricas e de instrumentos tradicionais como a viola caipira e a rabeca.

A ilustradora

Sabina Sombra nasceu em Praga, na República Tcheca, e esteve pela primeira vez no Brasil em 2010. Assistiu de perto a confecção das bandeiras usadas nas festas de Folias de reis, enfeitou violas e ornamentou tambores com fitas e flores. Esse encontro com um Brasil rural e festeiro deixou sementes que o observador atento vai perceber em seus bordados: o capricho no acabamento, a aplicação de fios e miçangas e as constantes mudanças na direção das tramas — efeito que revela texturas e relevos inesperados.

Em Praga, Sabina lecionou inglês para adultos e crianças, foi patinadora artística e na infância aprendeu a bordar com sua avó. Esse conhecimento ficou adormecido por muitos anos até que seus bordados começassem a frequentar o universo dos livros infantis e juvenis.